Extrait du GÉNIE CIVIL du 10 novembre 1917

LES INSTALLATIONS

DU

SERVICE D'EAU POTABLE

DE LA

VILLE DE BANGKOK

(Siam)

PAR

L. ROBERT DE LA MAHOTIÈRE

INGÉNIEUR DES ARTS ET MANUFACTURES

(Avec une planche hors texte)

PARIS

PUBLICATIONS DU JOURNAL *LE GÉNIE CIVIL*

6, RUE DE LA CHAUSSÉE-D'ANTIN, 6

1917

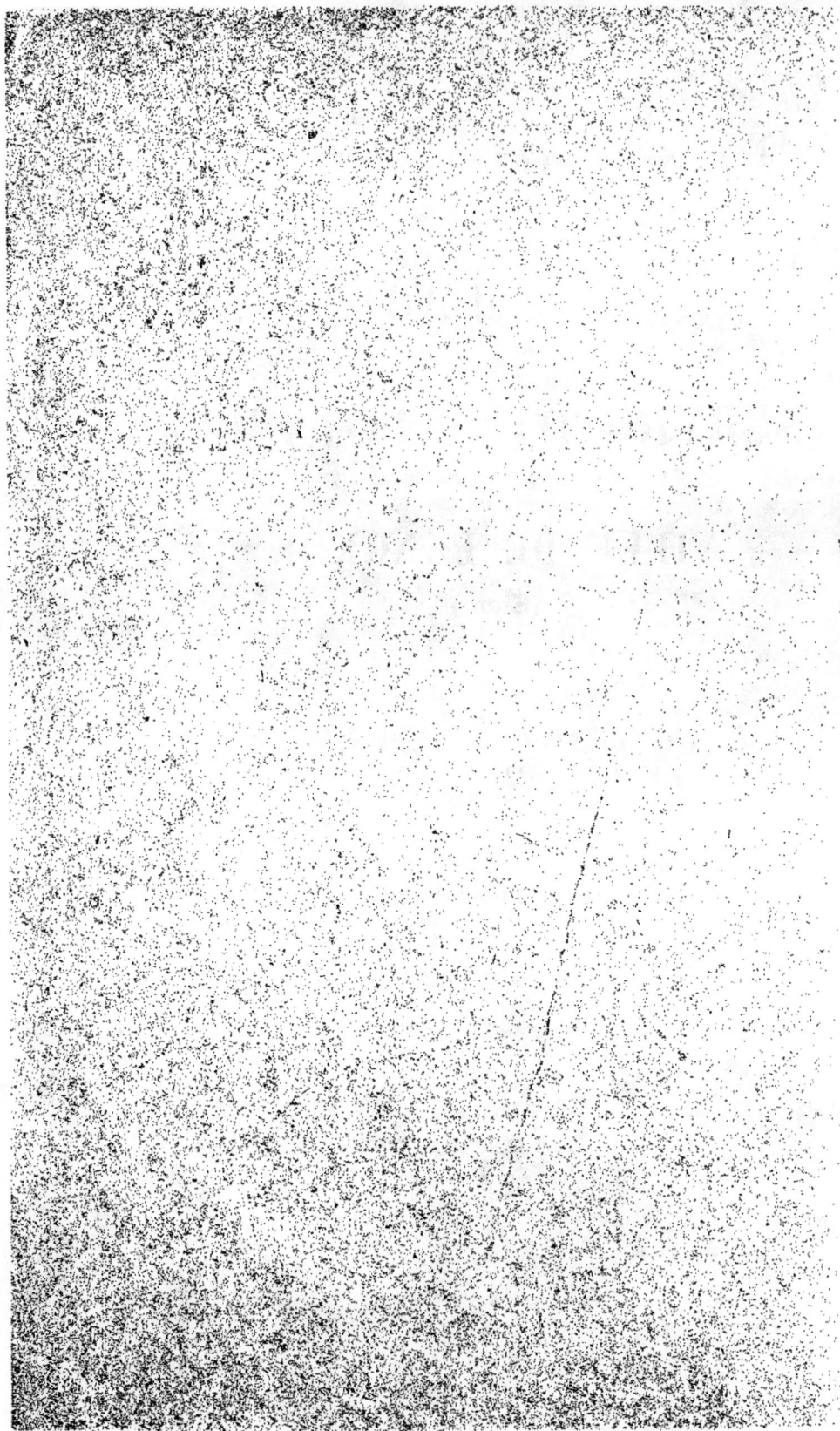

Extrait du GÉNIE CIVIL du 10 novembre 1917

LES INSTALLATIONS

DU

SERVICE D'EAU POTABLE

DE LA

VILLE DE BANGKOK

(Siam)

PAR

L. ROBERT DE LA MAHOTIÈRE

INGÉNIEUR DES ARTS ET MANUFACTURES

(Avec une planche hors texte)

PARIS

PUBLICATIONS DU JOURNAL *LE GÉNIE CIVIL*

6, RUE DE LA CHAUSSÉE-D'ANTIN, 6

1917

LES INSTALLATIONS

DU

SERVICE D'EAU POTABLE

DE LA

VILLE DE BANGKOK

(Siam)

HISTORIQUE.

Appelé, en 1902, par le Gouvernement siamois, sur la demande du Gouvernement français, pour organiser le Service technique sanitaire de la ville de Bangkok, j'eus, dès mon arrivée au Siam, à étudier l'installation d'un service d'eau potable dont l'absence se faisait vivement sentir; mais des considérations financières et surtout politiques firent différer l'exécution des travaux jusqu'en 1909, époque à laquelle S. M. le roi Chulalong-Korn donna enfin les ordres nécessaires. Le projet définitif fut aussitôt mis à l'étude et, dès l'année suivante, les travaux purent commencer. Leur achèvement a marqué pour Bangkok une date mémorable, car ces travaux ont été les premiers de ce genre exécutés au Siam, et Bangkok est encore la seule ville de ce pays qui soit dotée d'une distribution d'eau potable.

La ville de Bangkok, capitale du royaume de Siam, est située sur les rives du Ménam, à environ 40 kilom. de l'embouchure du fleuve en en suivant les sinuosités, et à $22^{km}5$ à vol d'oiseau. Elle s'étend le long de la rive gauche du fleuve sur une longueur de plus de 10 kilom. et 3 à 4 kilom. de profondeur, mais la ville proprement dite, où la population est plus dense, comprise entre le fleuve et le grand canal Padung, s'étend sur une longueur de 6 500 mètres avec une superficie de 8 à 9 kilom. carrés (fig. 1). La population totale est comprise entre 500 000 et 600 000 habitants.

La ville est sillonnée de nombreux canaux, par où se fait la plus grande partie du trafic, et dont les trois principaux forment, pour ainsi dire, des bras du fleuve; ces trois canaux principaux communiquent entre eux par de nombreux canaux secondaires.

L'emplacement de la ville est situé sur une immense plaine alluvionnaire, à une altitude de $4^m 25$ seulement au-dessus du niveau moyen de la mer, de sorte qu'à certaines époques de l'année, le flux de la marée se fait sentir jusqu'à une trentaine de kilomètres en amont de la ville, et l'eau du fleuve devient saumâtre. Le sol est argileux, et divers sondages ont montré que la couche supérieure d'argile alluvionnaire a une épaisseur de 30 à 40 mètres.

Bangkok est située par 13° 58′ de latitude nord. Son climat est donc tropical et les saisons peu marquées. L'année se divise plutôt en deux saisons : la saison des pluies qui s'étend depuis le mois de mai jusqu'au mois de décembre, et la saison sèche qui commence au moment où s'établit la mousson du nord-est, et dure de dé-

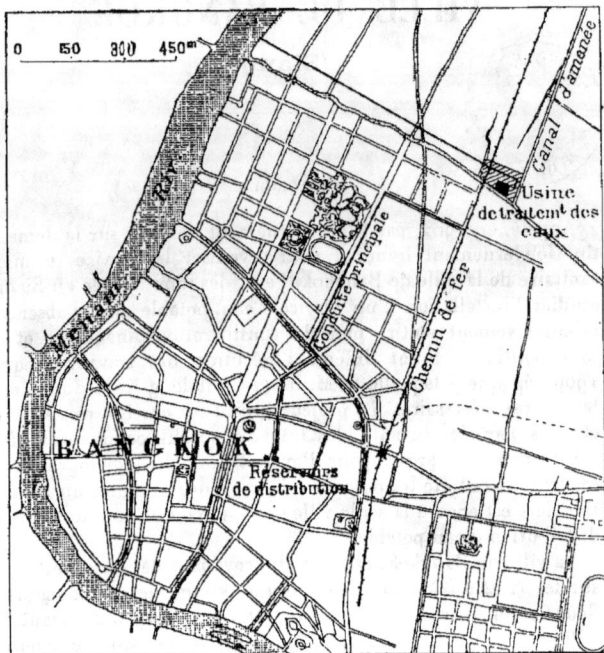

FIG. 1. — Plan de la ville de Bangkok.

cembre à mai. Les mois de décembre, janvier et février sont les plus agréables à cause de la rareté des pluies et d'une température plus fraîche que pendant le reste de l'année.

Jusqu'en 1914, année où fut inaugurée la distribution d'eau potable, on n'employait pour l'alimentation que l'eau du fleuve ou l'eau de pluie. L'eau du fleuve était emmagasinée dans de grandes jarres en terre, de 180 litres environ de capacité, où elle se déposait après avoir été agitée avec un peu d'alun pour la clari-fier, suivant l'antique procédé égyptien ; l'eau de pluie était recueillie par les tuyaux de descente des gouttières dans des réser-

Fig. 2. — Le service d'eau potable de la ville de Bangkok : Vue intérieure du bâtiment des filtres.

voirs en tôle, d'une contenance de 1 800 litres. Suivant les besoins, les maisons étaient munies d'un ou de plusieurs de ces réservoirs, en vue surtout de la consommation pendant la saison sèche. Mais la majeure partie de la population indigène puisait l'eau dans le fleuve ou dans les canaux. Comme ces derniers ne servent pas seulement à la navigation, mais reçoivent tous les détritus et ordures des habitants établis sur leurs berges, on peut se former une idée de l'état sanitaire déplorable de la ville. Le choléra était endémique à Bangkok, et sévissait surtout pendant les mois de mars, avril et mai, à la fin de la saison sèche, causant d'énormes ravages parmi la population indigène.

En 1903, un ingénieur anglais qui venait de l'Inde, où il avait foncé avec succès quelques puits artésiens, proposa au Gouvernement siamois de faire des essais dans ce sens à Bangkok. Un forage d'essai fut entrepris dans la ville de Prapatome, située à 5o kilom. environ à l'ouest de Bangkok, et à la profondeur de 95 mètres on atteignit une nappe aquifère de $3^m 5o$ d'épaisseur, comprise entre deux couches calcaires. L'eau monta dans le forage jusqu'à $1^m 3o$ au-dessous du niveau du sol, et une pompe installée au-dessus du forage donna un débit de $1^l 25$ par seconde.

L'analyse qui fut faite de cette eau montra qu'elle contenait une forte proportion de chlorures et de matières organiques et même une légère quantité d'acide phosphorique. Elle était donc de très médiocre qualité. Cependant le Gouvernement siamois, encouragé par ce résultat, fonda de grandes espérances sur cette solution du problème et résolut de faire un nouvel essai à Bangkok même. On retrouva la même nappe, mais à une profondeur plus considérable. Quant à la qualité de l'eau, elle n'était pas meilleure que celle de Prapatome. D'ailleurs le débit était faible, et pour avoir la quantité d'eau nécessaire à la ville il aurait fallu foncer un grand nombre de puits, au risque de diminuer le rendement de chacun d'eux. Finalement, on serait arrivé à faire d'énormes dépenses pour un résultat médiocre sous tous les rapports; aussi, le Gouvernement siamois renonça-t-il sagement à pousser plus loin les expériences, pour en revenir à la solution que je n'avais cessé de recommander. Ce ne fut cependant que cinq ans après qu'il se décida à la faire exécuter.

CONDITIONS GÉNÉRALES DU PROJET.

L'absence complète de sources ou de vallées susceptibles d'être transformées en réservoirs au moyen d'un barrage, ne laissait d'autre ressource que celle du fleuve. Or, comme nous l'avons indiqué, ses eaux non seulement sont contaminées par tous les détritus et ordures de la ville, mais elles deviennent saumâtres pendant plusieurs mois de l'année. On ne pouvait donc prendre les eaux du fleuve qu'à une trentaine de kilomètres en amont de la ville, où elles se maintiennent constamment douces, et il fallait les amener au moyen d'un canal jusqu'à Bangkok pour y être filtrées et épurées avant d'être distribuées en ville.

Le système de filtration et d'épuration qui se présenta tout naturellement à l'esprit fut celui des filtres à sable ordinaires, avec ou sans préfiltres. A la réflexion, il fallut renoncer à ce système à cause de ses nombreux inconvénients qui prenaient encore plus d'importance dans un pays tropical : l'emplacement qu'ils occupent est énorme, ils exigent de fréquents nettoyages, qui ne peuvent se faire qu'en mettant le filtre temporairement hors de service, sans

Fig. 3. — Vue des bâtiments des pompes et de la coagulation.

compter les risques de contamination que cette opération entraîne. Enfin, la nature du sol à Bangkok exigeait des fondations spéciales très coûteuses. Ces considérations firent donner la préférence aux filtres à sable rapide, du système américain Jewell, qui a reçu de nombreuses applications, non seulement en Amérique, mais aussi en Égypte, notamment à Alexandrie, dans plusieurs villes de l'Inde, et même en Europe. Les avantages en sont nombreux et le fonctionnement d'une extrême simplicité, comme nous le montrerons plus loin.

Le terrain de la ville et des environs étant absolument plat, il était impossible d'établir un réservoir à une hauteur suffisante pour avoir la pression nécessaire à la distribution : la construction d'un ou de plusieurs châteaux-d'eau s'imposait vers le centre de la ville. Enfin, les nombreux canaux qui sillonnent la ville devaient rendre la pose des tuyaux assez difficile, la traversée de ces canaux devant se faire presque partout en siphon.

Quant à la force motrice, elle devait être fournie par la station centrale électrique établie par le Gouvernement siamois, et qui était à ce moment-là en cours de construction.

Description générale de l'usine. — L'usine (fig. 1, de la planche hors texte) est située sur les bords du canal Samsen, du côté nord, à une distance de 2 800 mètres du fleuve et à côté du canal d'amenée des eaux brutes. Elle occupe un emplacement d'environ 4 hectares. Les installations comprennent le bâtiment des pompes nourricières et de refoulement, le bâtiment à sulfate d'alumine employé pour la précipitation, les bassins de décantation, le bâtiment des filtres, un grand réservoir souterrain d'eau filtrée et autres constructions accessoires telles que la pompe d'évacuation des eaux, un bureau avec laboratoire annexe, un petit atelier de réparation et les logements pour le personnel de l'usine. On a prévu l'extension possible de l'installation en ménageant la place pour le doublement des principaux appareils (fig. 1, de la planche hors texte).

Canal d'amenée des eaux brutes. — L'emplacement choisi pour la prise d'eau est sur un ancien bras du fleuve, d'une longueur d'environ 21 kilom., envasé vers le milieu de son parcours. Une écluse fut construite à 1 kilom. environ de son embouchure sud, et un barrage fut établi vers le milieu de sa longueur, à son point le plus rapproché du fleuve, avec lequel il fut mis en communication par un petit canal muni d'une porte automatique qui s'ouvre au moment des hautes eaux. On a ainsi formé une sorte de réservoir de 8 500 mètres de longueur, de 40 à 60 mètres de largeur et de 20 mètres de profondeur, dans lequel les eaux boueuses du fleuve éprouvent un commencement de clarification ; elles sont aussi soustraites aux changements de niveau périodiques dus aux hautes et basses eaux, ce qui avait une grande importance à cause de la pente très faible dont on pouvait disposer. Un échantillon de l'eau pris pendant le mois de mars, c'est-à-dire au moment le plus défavorable, donna à l'analyse le résultat suivant, par litre :

		Grammes.
Matières solides en suspension : organiques . .		0,075
— — fixes.		0,155
Dureté temporaire	0,00225 de	$CaOCO^2$
— permanente	0,011 de	$CaOCO^2$
Sels solubles		0,11
Chlorures		0,033
Sels calcaires		0,0845
Sulfates		0,0171
Sels de magnésie		légères traces

Quant à l'examen bactériologique, il donna en moyenne 158 bactéries après 24 heures et 1 275 bactéries après 48 heures. Il n'y avait pas de germes pathogènes.

La prise du canal est à 2 500 mètres de l'écluse. Sa largeur au plafond est de 10 mètres, et à la surface de 20 mètres ; sa longueur est de 25 700 mètres jusqu'à sa jonction avec le canal Samsen. Sur son parcours, il traverse cinq autres canaux transversaux, qu'il a dû franchir en siphon. Une écluse à porte automatique a été construite près de son embouchure dans le canal Samsen pour s'opposer à l'entrée des eaux de ce dernier. Une conduite en béton armé de 1^m 10 de diamètre amène les eaux du canal dans le puisard des pompes nourricières.

Outre ce canal d'amenée, on a construit une conduite en béton

Fig. 4. — Vue intérieure de la salle des pompes.

armé de 1^m 10 de diamètre entre l'usine et le fleuve, de façon à pouvoir amener les eaux du fleuve au puisard des pompes indépendamment du canal à la saison des pluies, lorsque l'effet de la marée ne se fait plus sentir, ou bien en cas de réparation du canal qui exigerait une interruption temporaire. Cette conduite est munie de regards espacés de 100 mètres. Des portes spéciales permettent de fermer ou ouvrir la communication de la conduite ou du canal avec le puisard des pompes.

Pompes. — La puissance des pompes a été calculée pour une consommation journalière de 25 000 mètres cubes. L'installation (fig. 4 du texte, et fig. 3 et 4, de la planche hors texte) comprend :

*

1º Deux pompes nourricières destinées à envoyer l'eau du canal dans les bassins de décantation. Ce sont des pompes centrifuges tournant à la vitesse de 730 tours par minute. Elles peuvent fournir chacune 340 litres par seconde à une hauteur de 9 mètres. Une seule pompe suffit pour fournir la quantité d'eau nécessaire et même au delà, afin de tenir compte des pertes qui se produisent toujours dans les canalisations. La deuxième pompe est en réserve en cas de réparation ;

2º Trois pompes élévatoires, qui refoulent l'eau filtrée dans les tuyaux de distribution et dans les réservoirs de la ville. Ce sont également des pompes centrifuges tournant à raison de 960 tours par minute. Chacune d'elles peut fournir 235 litres par seconde à la pression de 33 mètres. Elles ont été calculées de manière que deux pompes soient suffisantes, même aux heures de plus grande consommation.

Chaque pompe est attelée directement à un moteur triphasé fonctionnant à 3 500 volts et à 50 périodes. Les moteurs des pompes nourricières ont une puissance normale de 60 chevaux, ceux des pompes élévatoires sont de 160 chevaux.

Des emplacements ont été réservés pour l'installation d'une pompe nourricière et d'une pompe élévatoire supplémentaires, lorsque l'augmentation de la consommation les rendra nécessaires.

L'amorçage des pompes s'effectue au moyen d'une petite pompe à air de 0m 200 de diamètre et 0m 200 de course, tournant à raison de 180 tours par minute ; elle est actionnée par un moteur triphasé de 3,5 chevaux, à 100 volts et à 50 périodes, tournant à 960 tours par minute. La transmission est faite par une courroie.

Le bâtiment qui abrite l'installation a 40 mètres de longueur sur 10 mètres de largeur. La tuyauterie et les canalisations électriques sont placées dans le sous-sol.

Filtrage et épuration.

Nous avons dit plus haut que ces deux opérations se font par le système américain des filtres Jewel, en raison des avantages qu'ils présentent sur les filtres ordinaires à sable.

En effet, tandis que, dans ces derniers, la vitesse de filtration ne doit pas excéder 0m 10 à l'heure pour que leur bon fonctionnement soit assuré et que cette vitesse doit demeurer constante, dans les filtres Jewel, la vitesse peut atteindre de 4m 60 à 5m 75 avec un résultat tout aussi bon et même meilleur ; d'ailleurs, cette vitesse peut être modifiée sans aucun inconvénient. Il en résulte que l'emplacement occupé par les filtres Jewel est considérablement réduit. Leur lavage se fait mécaniquement en dehors de tout contact des ouvriers avec les filtres, tandis que dans les filtres ordinaires, de nombreux ouvriers doivent marcher sur le sable pour en extraire la couche superficielle, d'où un certain risque de contamination. L'espace réduit occupé par les filtres Jewell permet de les placer à couvert dans un bâtiment, à l'abri du soleil et des poussières, ce qui est surtout important dans les pays tropicaux ; les vannes et autres appareils accessoires se conservent ainsi parfaitement propres et en bonne condition. Enfin, chaque filtre est muni d'un appareil très simple et peu encombrant pour régulariser la vitesse de filtration, qui demeure absolument constante quel que soit l'état d'engorgement du filtre.

D'ailleurs, cette vitesse peut être réglée et varier à volonté dans une certaine mesure. Il faut aussi noter que l'eau brute subissant dans ce système un traitement préalable, il lui suffit d'un séjour très court dans les bassins de décantation. Ces bassins peuvent, par conséquent, être très réduits, et l'emploi de préfiltres est complètement inutile.

Le système des filtres Jewel est basé sur l'emploi du sulfate d'alumine, qu'on mélange en très légère quantité dans l'eau brute avant de l'envoyer dans les bassins de décantation. Ce sel réagit sur le carbonate de chaux ou de magnésie contenu dans l'eau brute, avec production d'alumine hydratée et d'acide carbonique, suivant l'équation suivante :

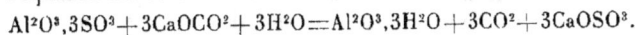

$$Al^2O^3,3SO^3 + 3CaOCO^2 + 3H^2O = Al^2O^3,3H^2O + 3CO^2 + 3CaOSO^3.$$

L'acide carbonique se dissout dans l'eau, et l'alumine hydratée se précipite à l'état floconneux, entraînant avec elle les matières en suspension ainsi qu'une grande partie des bactéries. Les carbonates calcaires sont transformés en sulfates sans que la dureté de l'eau en soit modifiée. L'eau ainsi traitée est envoyée dans les bassins de décantation où la majeure partie des matières en suspension se dépose rapidement ; elle en sort dans un état très avancé de clarification, puis se rend dans les filtres qui terminent la clarification et l'épuration. Le procédé comprend donc trois opérations distinctes : traitement préalable des eaux brutes par le sulfate d'alumine, décantation et filtration, ces deux dernières opérations étant rendues très rapides, par l'agglutination des matières en suspension à l'état floconneux.

Traitement des eaux brutes par le sulfate d'alumine. — Le sulfate d'alumine est mélangé à l'eau brute à l'état de solution très diluée. Cette solution s'effectue dans de grandes cuves en bois de 2ᵐ 40 de diamètre, au nombre de trois, placées à l'étage supérieur du bâtiment, les étages inférieurs étant utilisés pour l'emmagasinage du sulfate d'alumine. Chaque cuve est mise en service alternativement, pendant que les deux autres sont en préparation.

Le sulfate d'alumine préalablement pesé est placé dans une caisse peu profonde et à claire-voie fixée à la partie supérieure des cuves, en même temps qu'on remplit la cuve d'eau jusqu'à couvrir la caisse qui contient le sel ; la dissolution est facilitée en agitant l'eau au moyen d'un compresseur d'air, qui insuffle l'air au fond de la cuve. La solution s'écoule par des tuyaux en ébonite dans une petite caisse rectangulaire en bois où le niveau est maintenu constant au moyen d'un robinet à flotteur ; cette caisse est, de plus, munie d'un trop-plein et d'un grillage en cuivre placé devant l'orifice d'écoulement. De cette caisse, la solution passe dans un tuyau horizontal en ébonite, muni d'une série de robinets qui servent à doser la quantité de solution suivant les besoins. De ces robinets, la solution s'écoule, par une série de tuyaux verticaux surmontés d'un entonnoir, dans un tuyau en plomb dont l'extrémité débouche dans la conduite de refoulement des eaux brutes dans les bassins de décantation.

La quantité de sulfate d'alumine nécessaire pour obtenir une bonne clarification dépend de la nature de l'eau brute et du temps alloué pour la décantation : à Bangkok, d'excellents résultats ont été obtenus avec 22 à 25 grammes de sulfate d'alumine par mètre cube d'eau, et un séjour de deux heures dans les bassins de décantation.

Bassins de décantation. — Ces bassins sont au nombre de quatre. accolés ensemble et occupant un espace rectangulaire de $25^m\,60$ sur $20^m\,80$. Chaque bassin a 22 mètres de longueur sur 5 mètres de largeur et $6^m\,70$ de profondeur moyenne. Ils sont divisés en quatre compartiments par des cloisons verticales transversales qui ont des ouvertures alternativement en haut et en bas, de manière à augmenter le parcours de l'eau et faciliter ainsi le dépôt des matières en suspension.

Les tuyaux qui amènent l'eau brute débouchent au bas d'un couloir vertical de $1^m\,20$ de largeur, placé en tête des bassins et dans lequel l'agitation de l'eau produit le mélange parfait du sulfate d'alumine. Après avoir parcouru les quatre compartiments du bassin, l'eau passe déjà très clarifiée dans un couloir vertical de $1^m\,20$ de largeur, au bas duquel débouchent les tuyaux par où elle s'écoule directement vers les filtres. Un trop-plein en forme de caniveau rectangulaire a été réservé à l'extrémité des bassins.

Deux ou trois des bassins sont en service. tandis que le quatrième est soumis à un lavage pour enlever les dépôts boueux que l'on rassemble au moyen d'un jet d'eau à l'extrémité du bassin. A cet effet, une pente de $1\ \%$ a été ménagée au fond des bassins, et des vannes, manœuvrées de la partie supérieure, mettent en communication les quatre compartiments.

Ces bassins ont été construits en béton armé. La fondation consiste en pieux de 6 mètres de longueur et $0^m\,20$ de diamètre, espacés de $0^m\,52$ de centre à centre, et dont les têtes sont noyées dans une couche générale de béton maigre de $0^m\,75$ d'épaisseur.

Filtres. — Les filtres (fig. 6 et 7) sont au nombre de douze, en deux rangées parallèles de six. Ils sont en tôle d'acier, de forme circulaire, de $5^m\,18$ de diamètre et de $2^m\,30$ de hauteur. Ils con-

Fig. 5. — Le service d'eau potable de la ville de Bangkok : Vue du bâtiment des filtres et du réservoir d'eau filtrée.

tiennent une couche de sable de 0^m 90 d'épaisseur, reposant sur une couche de gravier fin. Leur fonctionnement est le suivant : l'eau qui sort des bassins de décantation arrive par un tuyau T (fig. 7) de 0^m 305 de diamètre dans un espace annulaire E de 0^m 146 de largeur qui entoure la partie supérieure du filtre, et elle se déverse sur tout le pourtour à la surface du sable. L'arrivée de l'eau est réglée par un régulateur à flotteur r, qui, par l'intermédiaire de la tige t, agit sur une valve circulaire à l'intérieur du tuyau. Après avoir traversé la couche de sable, l'eau filtrée s'écoule à travers un système de 902 petits cribles en bronze, vissés sur des tubes en fer F qui occupent tout le fond du filtre ; ces tubes sont fermés à leurs extrémités extérieures et vissés à l'autre extrémité à un tuyau central H de 0^m 20 de diamètre, par où l'eau filtrée s'écoule hors du filtre. Tous ces tuyaux sont noyés dans une couche de béton avec enduit de ciment, de manière à ne laisser libre que la surface supérieure des cribles, sans espace vide au fond du filtre.

Au sortir du filtre, l'eau s'écoule dans un grand caniveau central couvert qui s'étend entre les deux rangées de filtres, et de là elle passe par un tuyau dans un grand réservoir souterrain où elle est emmagasinée ; mais avant d'entrer dans le caniveau central elle passe par un régulateur automatique W, système Weston, qui sert à régler la pression et à maintenir un écoulement constant.

La perte de pression qui se produit par suite de l'engorgement croissant du filtre est indiquée automatiquement sur un cadran à aiguille C par une chaîne à contrepoids. Cette aiguille indique ainsi le moment où il convient de procéder au nettoyage du filtre.

Ce nettoyage a lieu généralement une fois par jour ; il est extrêmement simple et rapide, et un seul ouvrier suffit à l'opération, qui s'exécute de la façon suivante : on ferme les vannes d'arrivée d'eau décantée et de sortie de l'eau filtrée, puis on ouvre la vanne d'évacuation pour faire écouler l'eau contenue dans l'espace annulaire jusqu'à ne laisser dans le filtre que l'eau qui surmonte le sable jusqu'au rebord intérieur de l'espace annulaire. On ouvre alors la vanne de lavage ; l'eau filtrée arrive sous pression dans le tuyau central du fond, traverse les cribles et toute la masse de sable, et s'écoule dans l'espace annulaire, emportant avec elle toutes les boues qui se sont déposées à la surface du sable. En même temps on met en mouvement un râteau R formé de deux bras horizontaux. armés de dents verticales d'environ 0^m 75 de longueur, qui grattent la partie supérieure de la couche de sable.

La force motrice est fournie par un moteur électrique de 12 chevaux, qui transmet le mouvement à deux arbres horizontaux au-dessus des filtres, sur lesquels sont calées les poulies de commande P. Un levier est placé sur le bord du filtre, pour l'embrayage.

L'action simultanée de l'eau filtrée et du râteau produit un nettoyage parfait de la couche de sable. Ce nettoyage est considéré

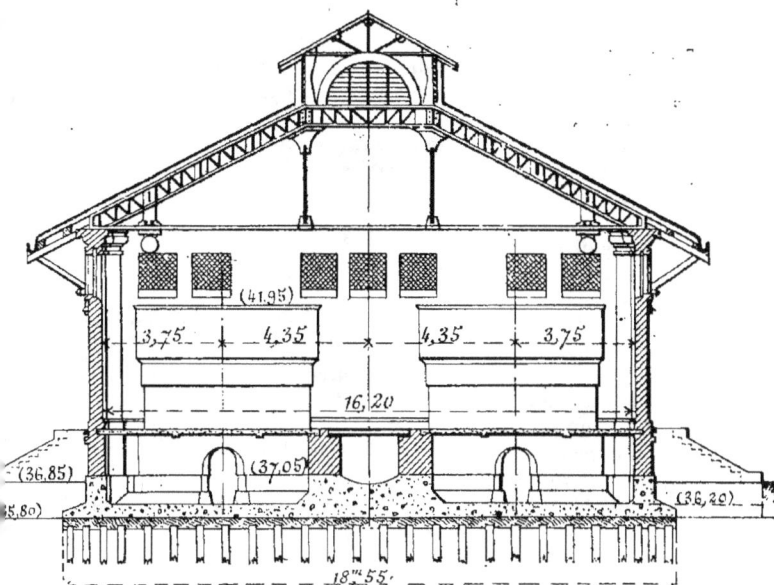

Fig. 6. — Coupe en travers du bâtiment des filtres.

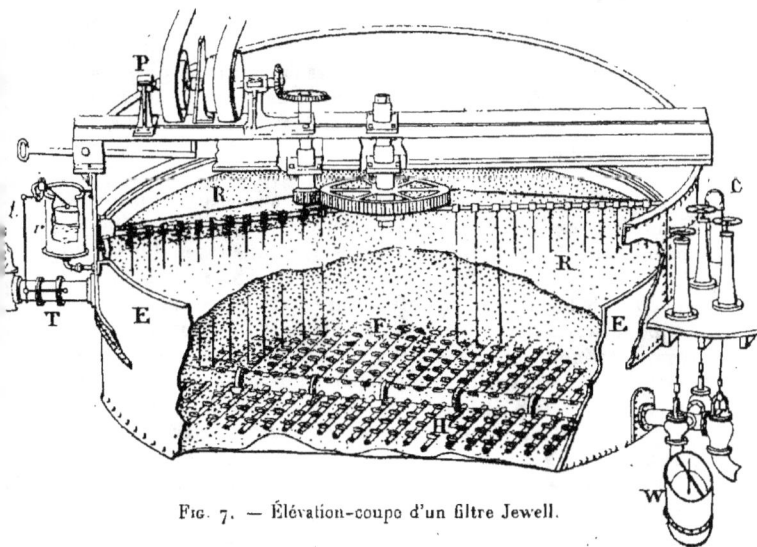

Fig. 7. — Élévation-coupe d'un filtre Jewell.

comme suffisant lorsque l'eau évacuée n'est plus trouble. Cinq à six minutes suffisent pour obtenir ce résultat. On arrête alors le râteau, on ferme la vanne de lavage, on ouvre la vanne d'eau décantée, et le filtre recommence immédiatement à fonctionner. Cependant, on n'ouvre pas tout de suite la vanne d'eau filtrée ; car l'eau qui s'écoule du filtre pendant le premier quart d'heure après le lavage n'est pas suffisamment claire et pure, ce qui s'explique aisément puisque la masse de sable est restée imprégnée d'eau de lavage. Cette première eau est donc rejetée dans le tuyau d'évacuation, et ce n'est que 15 à 20 minutes après qu'on admet l'eau filtrée dans le caniveau collecteur.

L'eau de lavage est prise directement sur le tuyau de refoulement de la distribution ; mais il convient d'avoir un réservoir spécial de réserve. Ce réservoir, qui n'est pas encore construit, aura de 200 à 300 mètres cubes de capacité et sera à 10 ou 12 mètres de hauteur au-dessus du sommet des filtres.

Le bâtiment dans lequel sont placés les douze filtres a 44 mètres de longueur sur 16 mètres de largeur. Un plancher en charpente posé sur chevalets, au-dessus du caniveau central, règne sur toute la longueur du bâtiment entre les deux rangées de filtres, près de leur niveau supérieur. Sur ce plancher sont placés tous les volants de manœuvre des vannes.

Les résultats obtenus, au point de vue bactériologique, ont été remarquables, Les garanties offertes par la Jewell Export Filter C° étaient les suivantes : au cas où le nombre des bactéries dans l'eau brute serait de 3 000 et au-dessus par centimètre cube, la réduction devait être au moins de 97 % ; au-dessous de 3 000 bactéries, le nombre de bactéries de l'eau filtrée ne devait pas dépasser 100 par centimètre cube, les cultures devant être faites sur plaques d'agar à 37° C., après 36 heures. Or, la moyenne des essais de l'eau filtrée au sortir des filtres a été de 25 à 30, et dans certains cas ce nombre est descendu au-dessous de 10.

Réservoir d'eau filtrée. — L'eau filtrée, au sortir des filtres, se rend dans un grand réservoir souterrain construit tout entier en béton armé (fig. 1 et 2, de la planche hors texte). Ses dimensions intérieures sont de 53^{m}80 de longueur sur 35^{m}80 de largeur et 3^{m}35 de hauteur. La quantité d'eau emmagasinée est d'environ 5 700 mètres cubes. Le réservoir est divisé en deux compartiments égaux par une cloison transversale médiane, afin de ne pas interrompre le service en cas de réparation ou de nettoyage. Six évents assurent l'aération de l'intérieur, et une couche de terre de 0^{m}85 d'épaisseur, dont il est recouvert, s'oppose à l'élévation de la température.

La chambre des vannes (fig. 1 et 2, de la planche hors texte) est située à cheval sur les deux compartiments. Elle contient un trop-plein.

Distribution.

L'eau filtrée du réservoir est amenée par un tuyau en fonte aux pompes élévatoires qui la refoulent en ville par une conduite maîtresse de 0ᵐ 70 de diamètre. Le réseau de distribution comprend

Fig. 8. — Vue des châteaux-d'eau.

près de 92 000 mètres de tuyaux de fonte, dont les diamètres varient de 0ᵐ 70 à 0ᵐ 08.

La nature argileuse et humide du terrain, sujet à des affaissements, et où les tranchées au-dessus d'un mètre de profondeur sont noyées par les eaux, rendait particulièrement difficile la pose de ces tuyaux, le système des joints des tuyaux était surtout à considérer : ces joints devaient être flexibles et d'une pose facile, ce qui n'est pas le cas des joints ordinaires au plomb. Le système adopté a été celui du joint précis à bague de caoutchouc des usines de Pont-à-Mousson. Le résultat a été des plus satisfaisants, non seulement par l'efficacité du joint, mais par la rapidité avec laquelle la canalisation a pu être posée.

Le service de la voie publique est assuré par 420 bornes-fontaines,

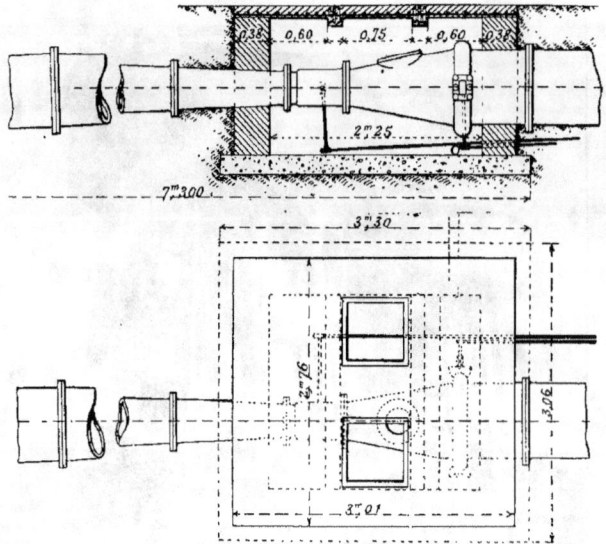

Fig. 9 et 10. — Élévation et plan d'un compteur Venturi.

dont 240 sont munies de prises d'incendie. Le nombre des services privés est encore peu considérable, mais il ne cesse de s'accroître. Le système de distribution à domicile est le système à compteur.

Châteaux-d'eau. — Ils sont au nombre de deux, élevés côte à côte au centre de la ville. Leur construction est identique, tout entière en béton armé (fig. 10 à 12). Les cuves, dont le fond est en forme de calotte sphérique renversée, contiennent chacune 1 000 mètres cubes d'eau. Elles ont 16 mètres de diamètre avec une profondeur d'eau de 6m 30 au droit des piliers et 5 mètres au centre. Lorsqu'elles sont pleines, le niveau de l'eau est à 24 mètres au-dessus du sol. Un trop-plein est ménagé au centre. Un escalier tour-

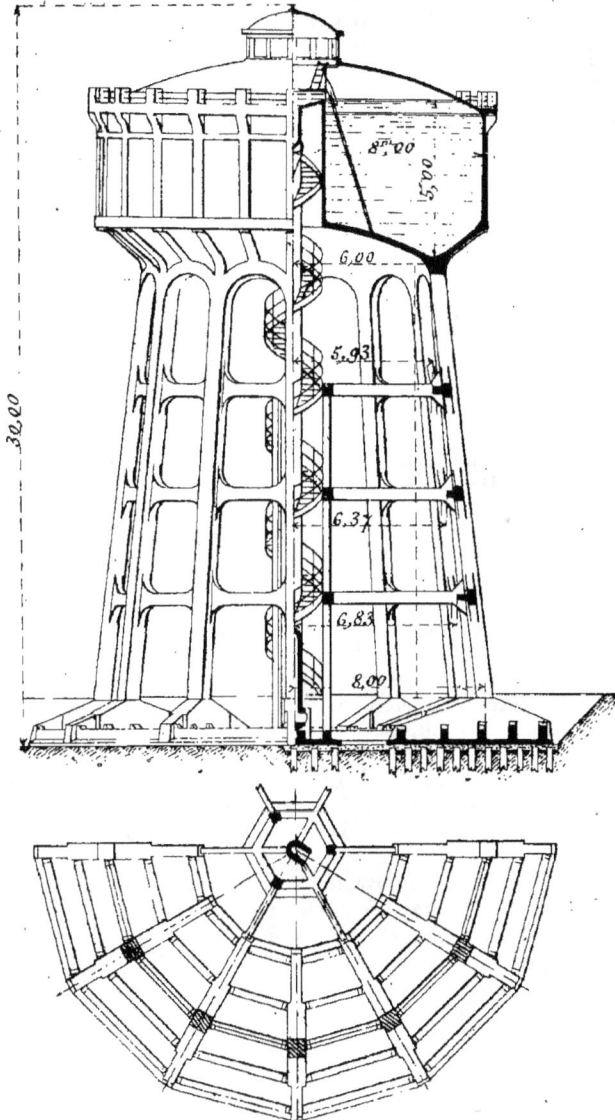

Fig. 11 et 12. — Élévation et plan d'un château-d'eau.

nant en acier donne accès à une plateforme supérieure, base de la lanterne qui surmonte la cuve. Celle-ci est supportée par douze piliers dont la base s'élargit en forme de sabot de 6ᵐ 85 de longueur.

Pour les fondations, l'emploi des pieux s'imposait. Il a fallu pour chaque réservoir 790 pieux de 12 mètres de longueur et 0ᵐ 30 de diamètre, dont les têtes furent encastrées dans une plateforme générale en béton. de 21ᵐ 70 de diamètre et 0ᵐ 30 d'épaisseur.

Appareils de contrôle et de mesure. — Ces appareils comprennent :

Un compteur Venturi de 0ᵐ 70 (fig. 8 et 9) qui indique les quantités d'eau pompées par les pompes élévatoires. Il est disposé pour indiquer le débit par seconde et le débit total ;

Un compteur Venturi de 0ᵐ 30, qui enregistre l'eau consommée pour le lavage des filtres ;

Un manomètre indiquant la pression dans le tuyau de refoulement à la sortie des pompes élévatoires ;

Un appareil indiquant le niveau de l'eau dans le puisard des pompes nourricières ;

Un appareil à transmission électrique indiquant le niveau de l'eau dans les bassins de décantation ;

Un appareil à transmission électrique indiquant le niveau dans le grand réservoir d'eau filtrée ;

Un appareil à transmission électrique indiquant le niveau de l'eau dans les châteaux d'eau de la ville.

Les cadrans de tous ces appareils sont réunis dans un meuble placé à une des extrémités de la salle des pompes (fig. 4), de manière que le personnel chargé du service de l'usine a constamment sous les yeux toutes les indications nécessaires pour régler la marche des pompes et des filtres.

Résultats hygiéniques. — Le service fut inauguré en novembre 1914, et ses effets bienfaisants sur la santé publique ne tardèrent pas à se manifester : la saison sèche de 1915 se passa sans qu'on ait eu à enregistrer aucun cas de choléra, et il en a été de même pour les années suivantes, sauf quelques rares cas parmi les indigènes encore réfractaires à l'usage de l'eau des bornes-fontaines. En somme, on peut dire que le choléra, qui, auparavant, faisait tous les ans des milliers de victimes, a maintenant disparu de Bangkok.

IMPRIMERIE CHAIX, RUE BERGÈRE, 20, PARIS. — 528-1-18.

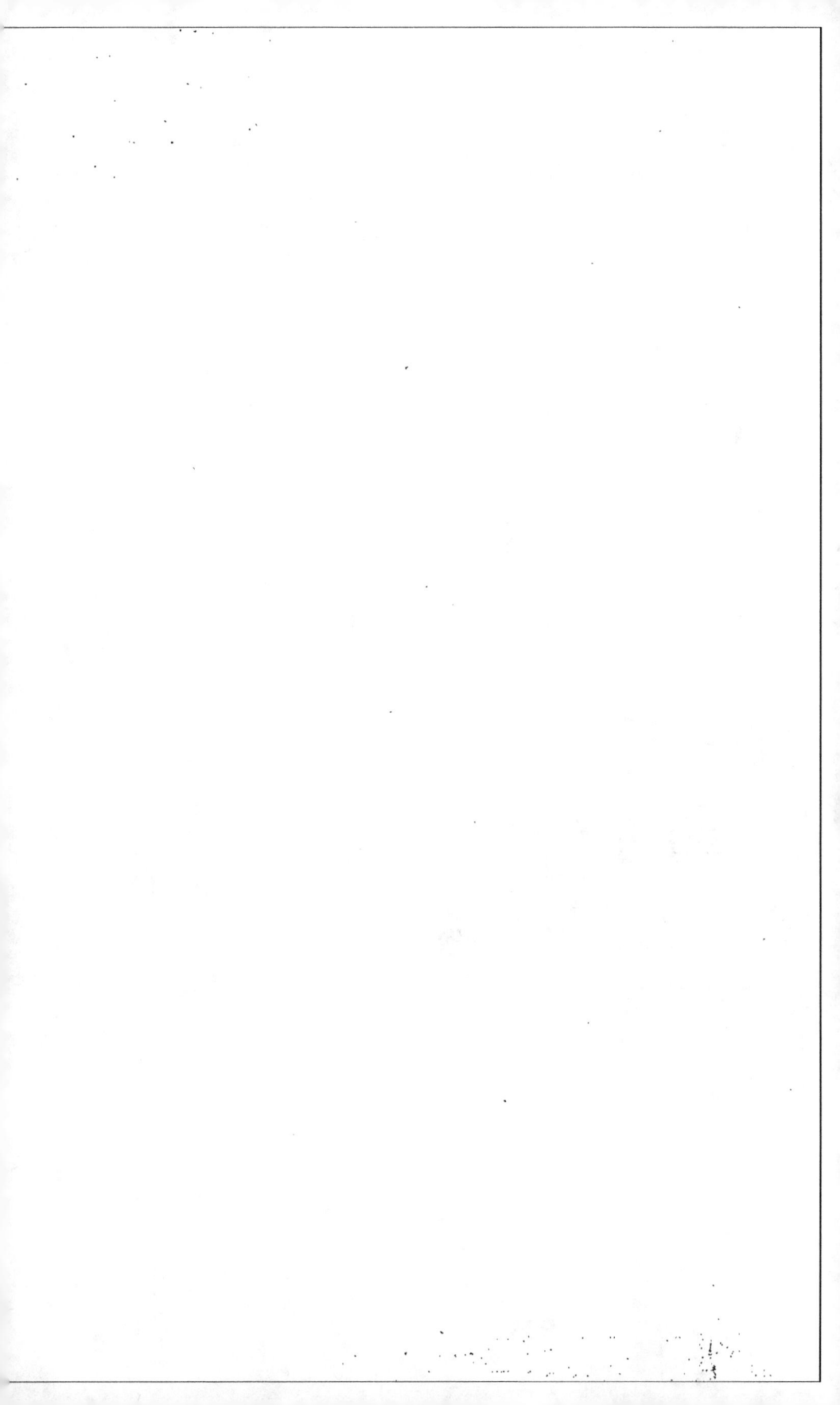

L'USINE DE TRAITEMENT DES EAUX DE LA VILLE DE BANGKOK (SIAM)

Fig. 1. Plan d'ensemble de l'installation.

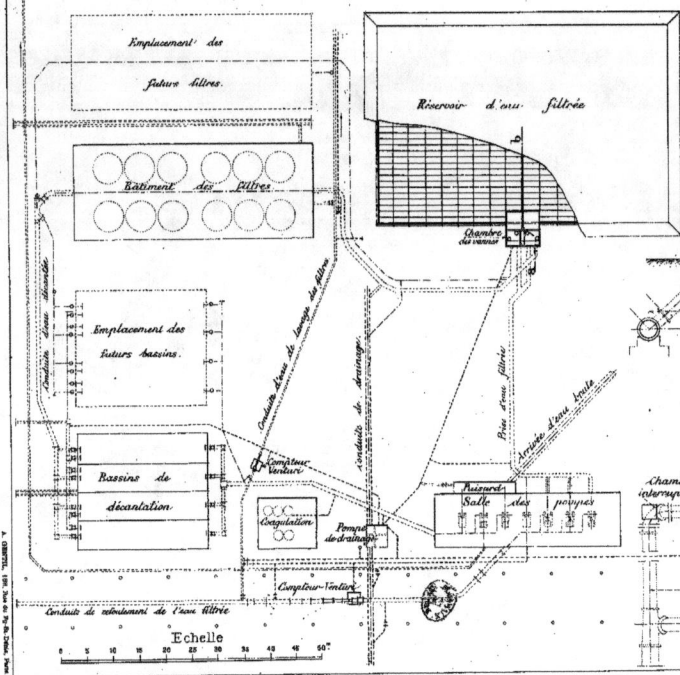

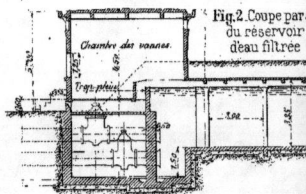

Fig. 2. Coupe par du réservoir d'eau filtrée

Fig. 3 et 4. Salle des pompes
Fig. 3. Coupe transversale

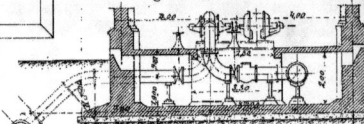

Fig. 4. Plan partiel

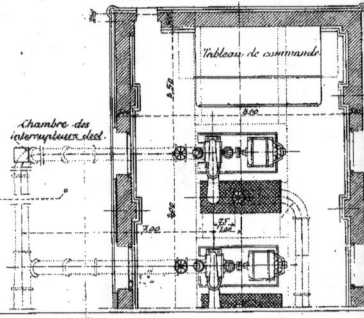

Emplacement des futurs filtres.

Bâtiment des filtres.

Réservoir d'eau filtrée

Emplacement des futurs bassins.

Bassins de décantation

Coagulation

Pompe de drainage

Résumé Salle des pompes

Compteur Venturi

Conduit de refoulement de l'eau filtrée

Échelle

Chambre des vannes

Chambre des interrupteurs élect.

Tableau de commande

www.ingramcontent.com/pod-product-compliance
Lightning Source LLC
Chambersburg PA
CBHW072028290326
41934CB00011BA/2911